Impressum
Verlag: BABADADA GmbH, Nedderfeld 112 , 22529 Hamburg
Geschäftsführer / Verlagsleitung: Harald Hof
Druck: Books on Demand GmbH, In de Tarpen 42, 22848 Norderstedt

Imprint
Publisher: BABADADA GmbH, Nedderfeld 112 , 22529 Hamburg, Germany
Managing Director / Publishing direction: Harald Hof
Print: Books on Demand GmbH, In de Tarpen 42, 22848 Norderstedt

school
sekoly

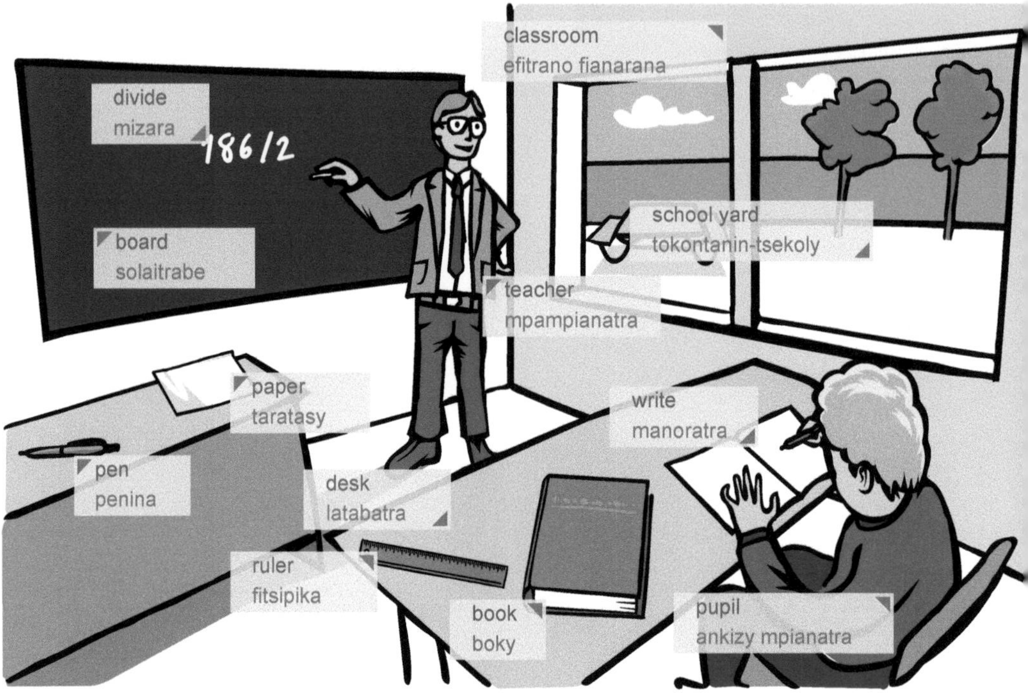

classroom
efitrano fianarana
divide
mizara
186/2
board
solaitrabe
school yard
tokontanin-tsekoly
teacher
mpampianatra
paper
taratasy
write
manoratra
pen
penina
desk
latabatra
ruler
fitsipika
book
boky
pupil
ankizy mpianatra

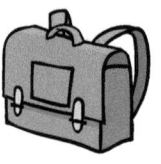

satchel
kitapo

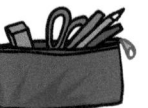

pencil case
torosy

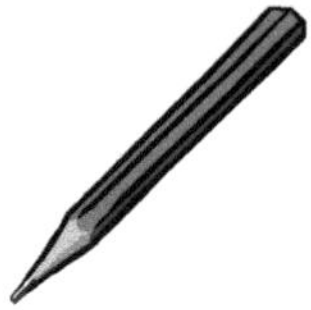

pencil
pensilihazo

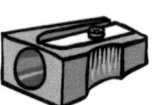

pencil sharpener
fandrangitana pensilihazo

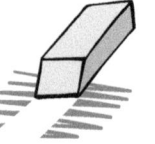

rubber
gaoma

drawing pad
karne fanaovana sary

drawing

sary

paintbrush

borosy fandokoana

paint box

boaty loko

scissors

hety

glue

lakaoly

exercise book

kahie fampiasàna

homework

enti-mody

number

tarehi-marika

2+2

add

manampy

subtract

manala

multiply

mampitombo

calculate

mikajy

letter

taratasy

alphabet

abidia

word

teny

text

lahatsoratra

read

mamaky

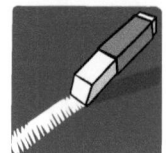

chalk

tsaoka

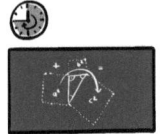

lesson

lesona

register

boky fianarana

examination

fanadinana

certificate

sertifikà

school uniform

fanamian'ny mpianatra

education

fiofanana

encyclopedia

raki-pahalalana

university

oniversite

microscope

mikraoskaopy

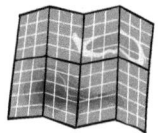

map

sarintany

waste-paper basket

fanariana fako taratasy

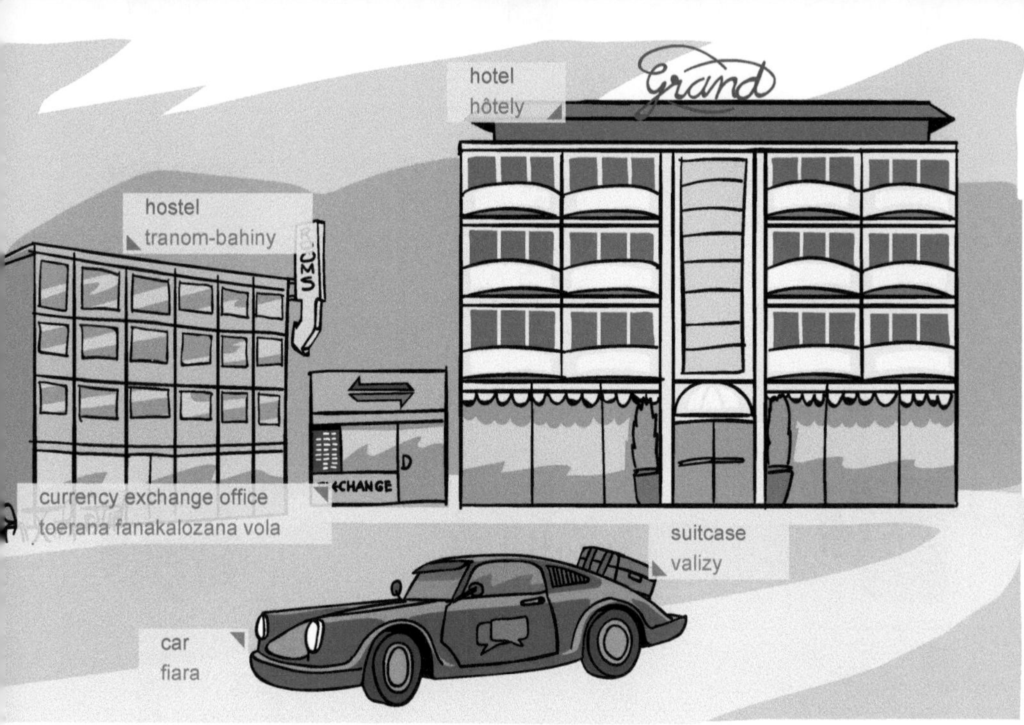

hotel
hôtely
Grand
hostel
tranom-bahiny
ROOMS
EXCHANGE
currency exchange office
toerana fanakalozana vola
suitcase
valizy
car
fiara

language
fiteny

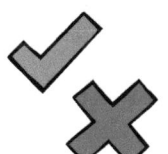

yes / no
eny / tsia

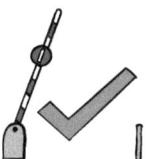

Okay
Eny àry

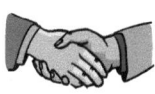

hello
salama

translator
mpandika teny

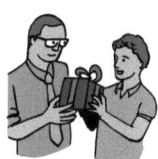

Thank you
Misaotra

how much is...?

ohatrinona...?

I don't get it

Tsy azoko izany

problem

olana

Good evening!

Salama ô!

Good morning!

Arahaba tra-maraina e!

Good night!

Tsara mandry ô!

goodbye

veloma

direction

fitantanana

luggage

entan'ny mpandeha

bag

harona

backpack

kitapo

guest

vahiny

room

efitrano

sleeping bag

fandriana enti-tànana

tent

tanty

tourist information

birao miandraikitra ny fizahantany

beach

moron-tsiraka

credit card

fahana amin'ny karatra

breakfast

sakafo maraina

lunch

sakafo atoandro

dinner

sakafo hariva

Ticket

tapakila

elevator

ascenseur

stamp

hajia

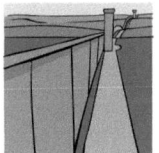

border

tany manasaraka

customs

fadin-tseranana

embassy

ambasady

visa

visa

passport

pasipaoro

transport
fitaterana

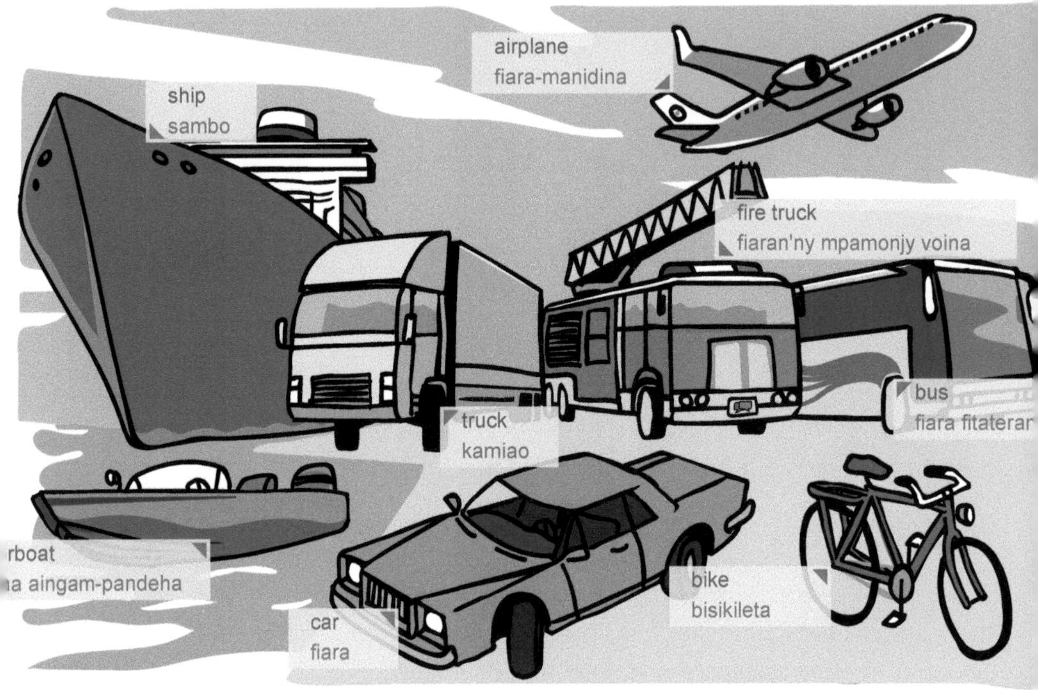
airplane
fiara-manidina
ship
sambo
fire truck
fiaran'ny mpamonjy voina
bus
fiara fitaterar
truck
kamiao
rboat
a aingam-pandeha
bike
bisikileta
car
fiara

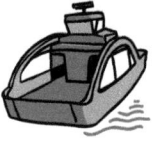

ferry
sambobe

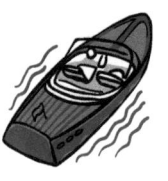

boat
sambo

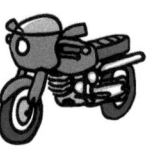

motorbike
môtô

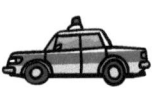

police car
fiaran'ny polisy

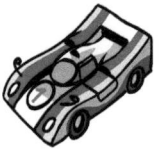

racing car
fiara mpihazakazaka

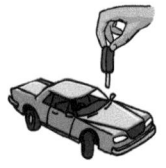

rental car
fiara fanofa

car sharing

zara fiara

tow truck

fiara etsy babeko

garbage truck

fiara mpitatitra fako

engine

môtera

fuel

solika

fuel station

tobin-tsolika

traffic sign

tondro fifamoivoizana

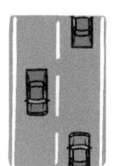

traffic

fifamoivoizana

traffic jam

fitohanan'ny fifamoivoizana

parking lot

fitobian'ny fiara

train station

fiantsonan'ny fiaran-
dalamby

tracks

lalamby

train

fiaran-dalamby

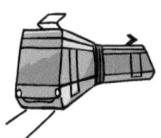

tram

tramway

wagon

kalesy

transport - fitaterana

helicopter
angidimby

airport
seranam-piaramanidina

tower
tilikambo

passenger
mpandeha

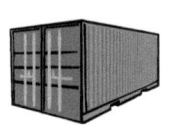

container
kaontenera

carton
baoritra

cart
chariot

basket
harona

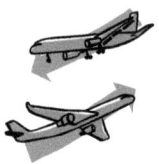

take off / land
miainga / midina

city

renivohitra

village
ambanivohitra

city center
afovoan-tanàna

house
trano

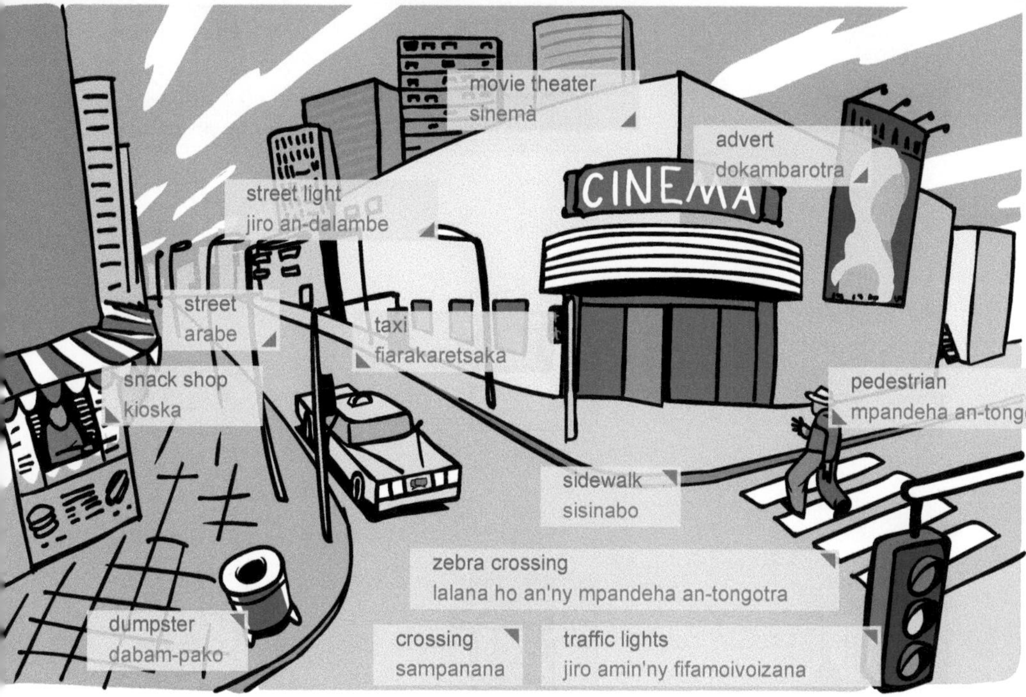
movie theater
sinemà
advert
dokambarotra
CINEMA
street light
jiro an-dalambe
street
arabe
taxi
fiarakaretsaka
snack shop
kioska
pedestrian
mpandeha an-tongo
sidewalk
sisinabo
zebra crossing
lalana ho an'ny mpandeha an-tongotra
dumpster
dabam-pako
crossing
sampanana
traffic lights
jiro amin'ny fifamoivoizana

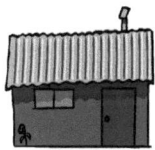

hut

trano bongo

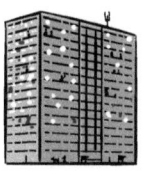

apartment

tranobe

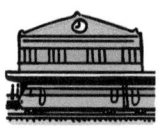

train station

fiantsonan'ny fiaran-dalamby

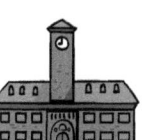

city hall

firaisana

MUSEUM

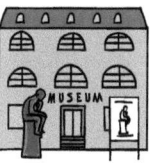

museum

donia

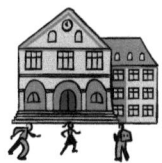

school

sekoly

university
oniversite

bank
banky

hospital
hopitaly

hotel
hôtely

pharmacy
farmasia

office
birao

book shop
fivarotam-boky

shop
fivarotana

flower shop
mpivarotra voninkazo

supermarket
supermarché

market
tsena

department store
tranobe fivarotana

fishmonger's shop
mpivarotra trondro

mall
toeram-pivarotana lehibe

harbor
seranana

park

valan-javaboary

bench

latabatra

bridge

tetezana

stairs

totohatra

subway

metrô

tunnel

tonelina

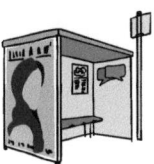

bus stop

fiantsonan'ny fiara
mpitondra olona

bar

bara

restaurant

toeram-pisakafoanana

postbox

boatin-taratasy paositra

street sign

famantarana an-arabe

parking meter

parcmètre

zoo

valan-javaboary

swimming pool

dobo filomanosana

mosque

moskea

farm
toeram-pambolena

pollution
loto

cemetery
fasana

church
trano fiangonana

playground
tokontany filalaovana

temple
tempoly

landscape
endritany

leaf
ravina

signpost
tondro famantarana

path
làlana

meadow
kijana

stone
vato

hiker
mpihani-bohitra

tree
hazo

river
renirano

grass
bozaka

flower
voninkazo

valley

lemaka

hill

vohitra

lake

laka

forest

ala

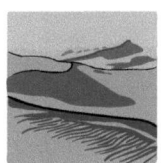

desert

tany hay

volcano

volkano

castle

rova

rainbow

avana

mushroom

holatra

palm tree

hazom-boanio

mosquito

moka

fly

lalitra

ant

vitsika

bee

tantely

spider

hala

beetle

voangory

frog

sahona

squirrel

vontsira

hedgehog

trandraka

hare

bitro

owl

vorondolo

bird

vorona

swan

gisabe

boar

lambo

deer

cerf

moose

voalavo

dam

toha-drano

wind turbine

helisy ahodin-drivotra

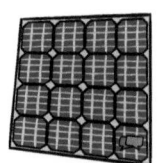

solar panel

takela-masoandro

climate

toetr'andro

restaurant

toeram-pisakafoanana

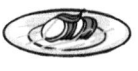

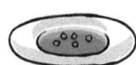

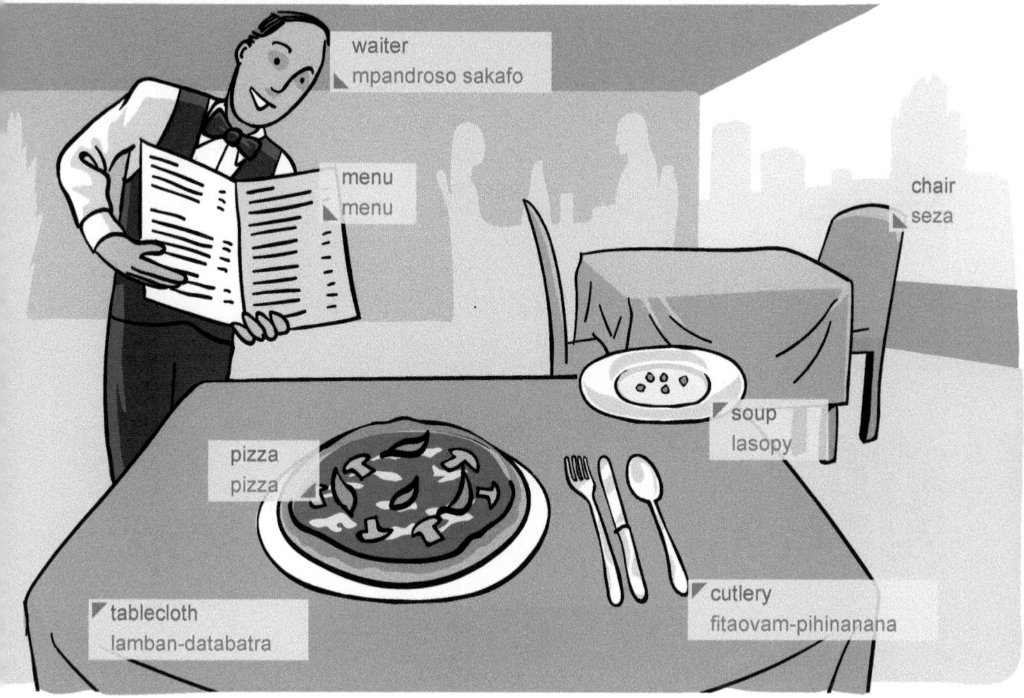

waiter
mpandroso sakafo
menu
menu
chair
seza
soup
lasopy
pizza
pizza
tablecloth
lamban-databatra
cutlery
fitaovam-pihinanana

starter
entrée

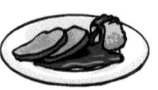

main course
sakafo fototra

dessert
desera

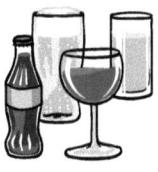

drinks
zava-pisotro

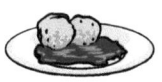

food
sakafo

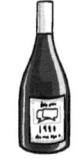

bottle
tavoahangy

fast food

fast food

street food

sakafo an-dalambe

teapot

fitoerana dite

sugar bowl

fitoeran-tsiramamy

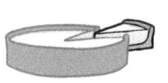

portion

singany

espresso machine

milina espresso

high chair

seza avo

bill

faktiora

tray

lovia fandrosoana sakafo

knife

antsy

fork

sotrorovitra

spoon

sotro

teaspoon

sotrokely

serviette

servieta

glass

vera

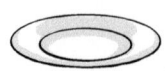

plate

vilia

soup plate

vilian-dasopy

saucer

vilia bory

sauce

saosy

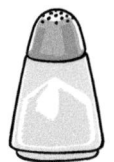

salt shaker

fitoeran-tsira

pepper mill

milina dipoavatra

vinegar

vinaingitra

oil

solika

spices

zava-manitra

ketchup

ketchup

mustard

voan-tsinapy

mayonnaise

maionezy

supermarket
supermarché

special offer
fihenam-bidy
FOR
customer
mpividy
dairy products
sakafo avy amin'ny ronono
fruit
voankazo
shopping cart
chariot

BUTCHERS

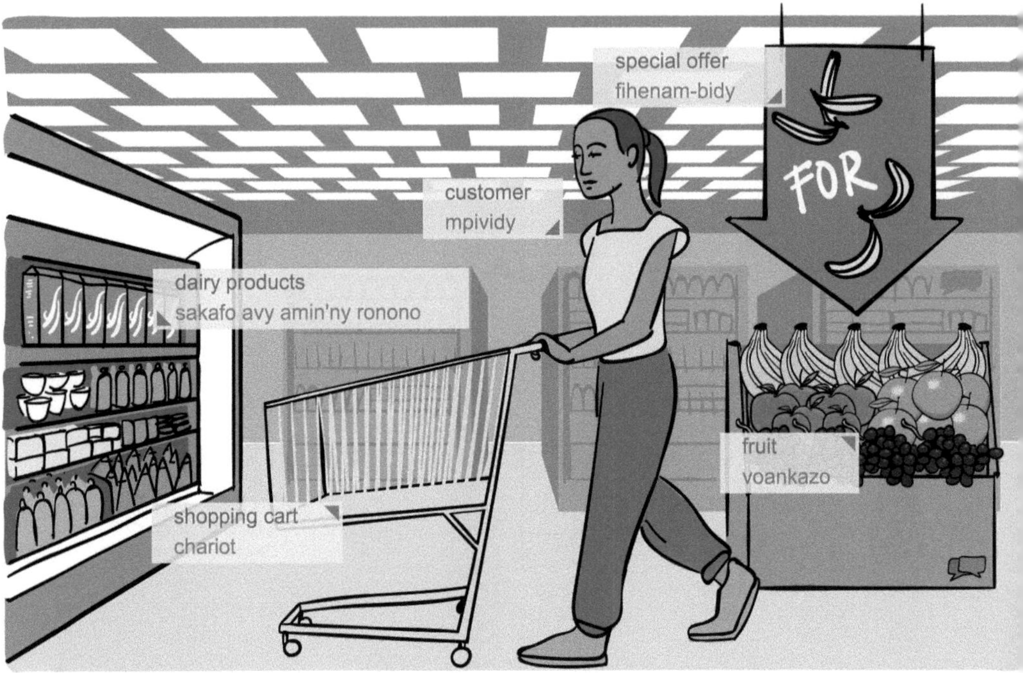

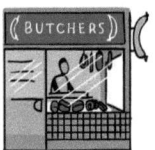

butcher's shop

mpivaro-kena

BAKERY

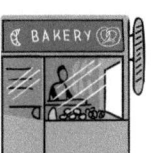

bakery

mpivarotra mofo

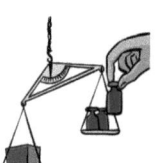

weigh

mandanja

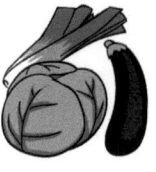

vegetables

legioma

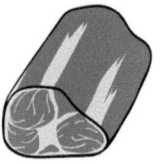

meat

hena

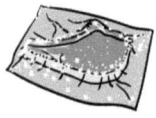

frozen food

sakafo nampangatsiahana

cold cuts

hena voahendy

canned food

sakafo am-by fotsy

detergent

vovon-tsavony

candy

vatomamy

household products

fitaovana an-tokatrano

cleaning products

fitaovana fanadiovana

sales representative

mpivarotra

cash register

toerana fandoavam-bola

cashier

mpandray vola

shopping list

lisitry ny zavatra vidiana

opening hours

ora fiasana

wallet

portefeuille

credit card

fahana amin'ny karatra

bag

harona

plastic bag

harona plastika

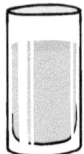

water
rano

juice
ranom-boankazo

milk
ronono

coke
coca

wine
divay

beer
labiera

alcohol
toaka

cocoa
sôkôlà mafana

tea
dite

coffee
kafe

espresso
espresso

cappuccino
cappuccino

banana

akondro

apple

paoma

orange

laoranjy

melon

voatango

lemon

voasarimakirana

carrot

karaoty

garlic

tongolo gasy

bamboo

volobe

onion

tongolo

mushroom

holatra

nuts

voamaina

noodles

paty

spaghetti

spaghetti

rice

vary

salad

salady

fries

ovy frity

fried potatoes

ovy voaendy

pizza

pizza

hamburger

hamburger

sandwich

sandwich

escalope

didin-kena

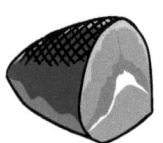

ham

lambo sira

salami

salami

sausage

saosisy

chicken

akoho

roast

hena mendy

fish

trondro

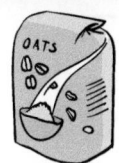

porridge oats

varin-tsoavaly

muesli

muesli

cornflakes

cornflakes

flour

lafarinina

croissant

croissant

bread roll

mofodipaina kely

bread

mofo

toast

mofo natono

cookies

bisky

butter

dobera

curd

fromazy fotsy

cake

mofomamy

egg

atody

fried egg

atody nendasina

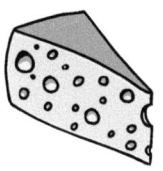

cheese

fromazy

ice cream

lagilasy

sugar

siramamy

honey

tantely

jelly

kaonfitira

nougat cream

crème nougat

curry

curry

farm house
tranom-bokatra

straw bale
feheza-mololo

barn
tranom-bokatra

field
tanim-boly

horse
soavaly

trailer
fiara fitarika

foal
zana-tsoavaly

tractor
traktera

donkey
apondra

lamb
zanak'ondry

sheep
ondry

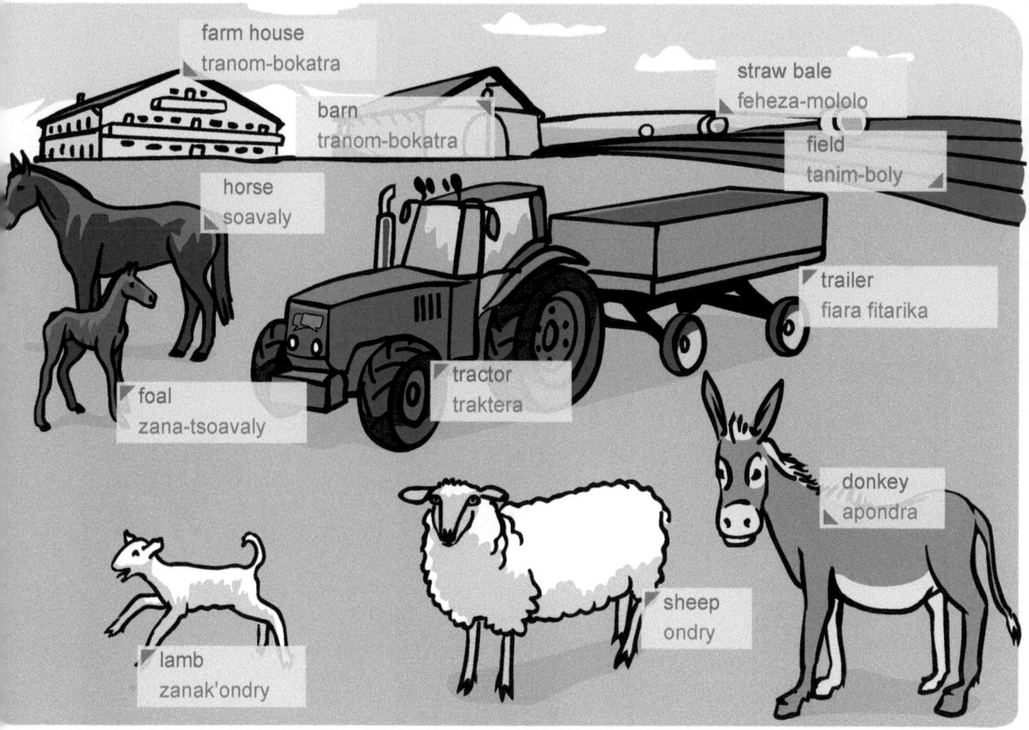

goat

osy

cow

omby vavy

calf

omby

pig

kisoa

piglet

zana-kisoa

bull

omby

farm - toeram-pambolena

27

goose

gisa

duck

gana

chick

zanak'akoho

hen

akoho vavy

cockerel

akoho lahy

rat

voalavo

cat

saka

mouse

voalavo tondro

ox

omby

dog

alika

dog house

tranon'alika

garden hose

fantsona fanondrahana rano

watering can

fanondrahana

scythe

antsy biloka

plow

angadin'omby

sickle

antsim-bilona

hoe

antsetra

pitchfork

farango vy

axe

famaky

pushcart

borety

trough

dababe

milk can

boatin-dronono

sack

harona

fence

fefy

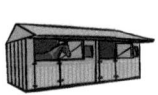

stable

tranom-biby

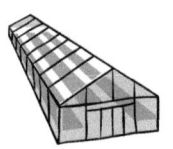

greenhouse

talatalan-jaridaina

soil

tany

seed

ambeoka

fertilizer

zezika

combine harvester

milina mpijinja vokatra

harvest

vokatra

harvest

vokatra

yams

saonjo

wheat

varimbazaha

soya

saozaha

potato

ovy

corn

katsaka

rapeseed

colza

fruit tree

hazo fihinam-boa

manioc

mangahazo

grain

voamadinika

house
trano

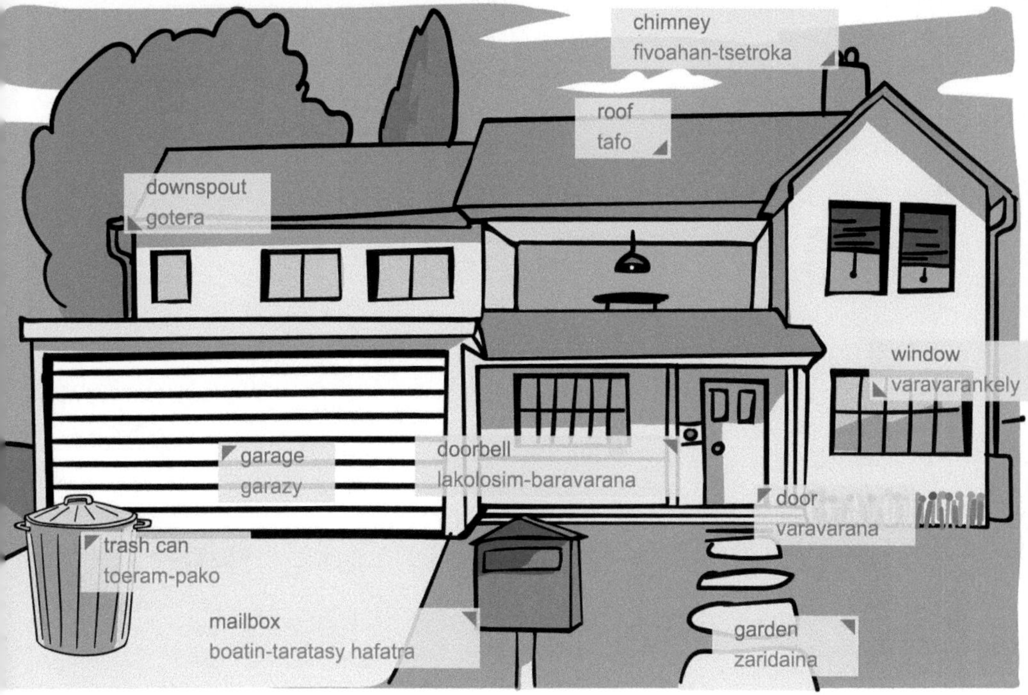

chimney
fivoahan-tsetroka
roof
tafo
downspout
gotera
window
varavarankely
garage
garazy
doorbell
lakolosim-baravarana
door
varavarana
trash can
toeram-pako
mailbox
boatin-taratasy hafatra
garden
zaridaina

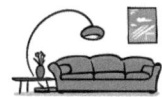

living room

efitra fandraisam-bahiny

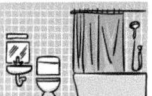

bathroom

efitra fandroana

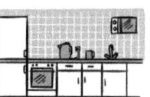

kitchen

lakozia

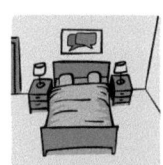

bedroom

efitra fatoriana

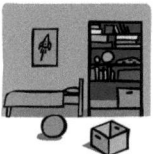

kids room

efitranon'ny ankizy

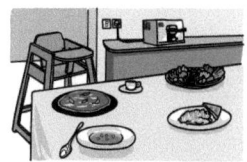

dining room

efi-trano fisakafoanana

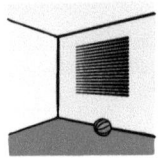

floor

tany

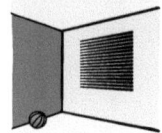

wall

rindrina

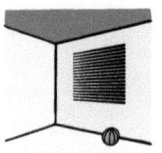

ceiling

valindrihana

cellar

lakavy

sauna

sauna

balcony

tsimahalavo

terrace

lavarangana

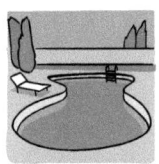

pool

dobo filomanosana

lawn mower

mpanapaka bozaka

sheet

lambam-pandriana

bedspread

koety

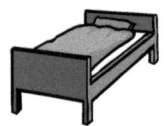

bed

fandriana

broom

kifafa

bucket

sô

switch

interrupteur

living room

efitra fandraisam-bahiny

wallpaper
sary apetaka
picture
sary
lamp
lampy
shelf
talantalana
cabinet
lalimoara
television
fahitalavitra
fireplace
anjorinafo
flower
voninkazo
cushion
lafika
sofa
sofà
vase
vazy
remote control
telekaomandy

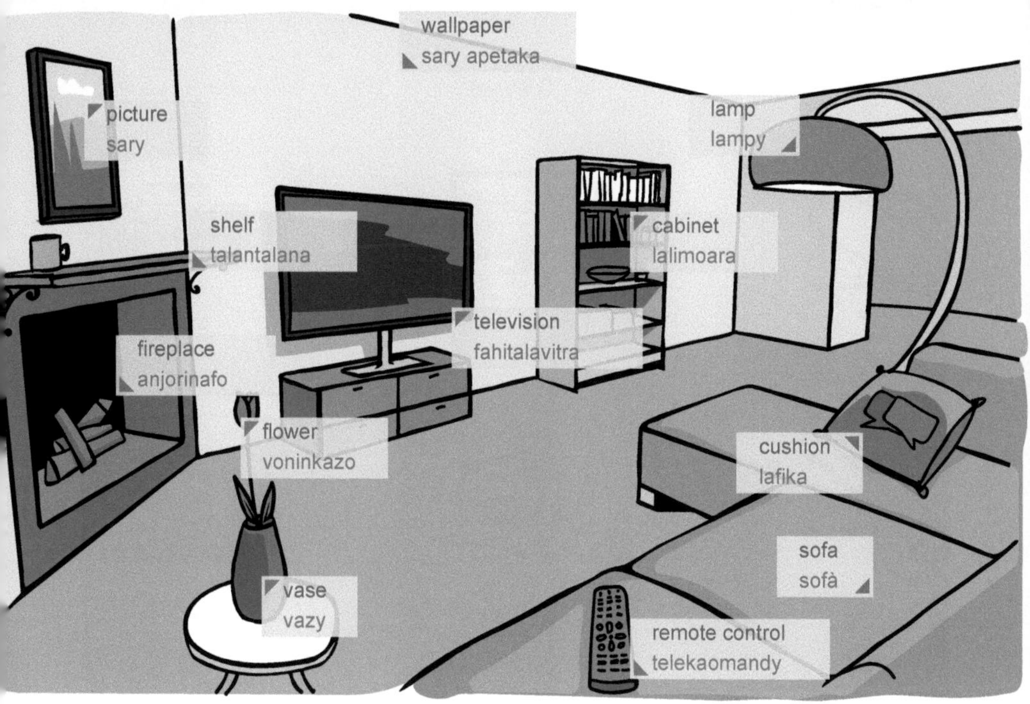

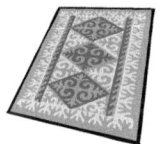

carpet

tapis

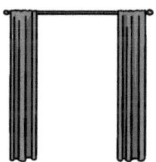

drape

takom-baravarana

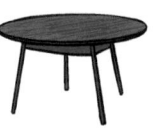

table

latabatra

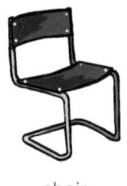

chair

seza

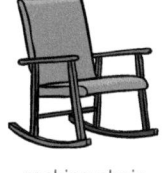

rocking chair

seza savily

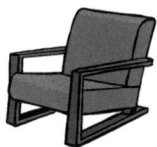

armchair

seza mihaja

book

boky

blanket

lamba firakotra

decoration

asa fandravahana

firewood

hazo fandrehitra

film

horonantsary

stereo system

fitaovana hi-fi

key

fanalahidy

newspaper

gazety

painting

loko

poster

sary famantarana

radio

radio

notebook

kahie fanao tadidy

vacuum cleaner

aspiratera

cactus

raketa

candle

labozia

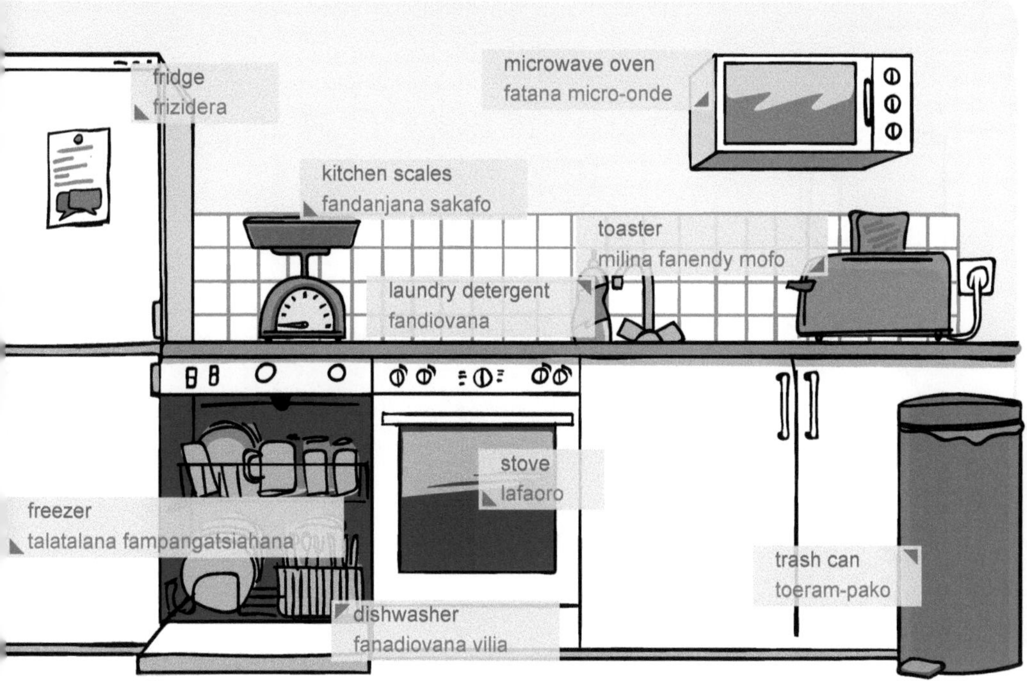

fridge
frizidera

microwave oven
fatana micro-onde

kitchen scales
fandanjana sakafo

toaster
milina fanendy mofo

laundry detergent
fandiovana

stove
lafaoro

freezer
talatalana fampangatsiahana

trash can
toeram-pako

dishwasher
fanadiovana vilia

cooker

lafaoro

pot

vilany

cast-iron pot

vilany vy

wok / kadai

wok / kadai

pan

lapoaly

kettle

fitaovana fampangotrahana
rano

steamer

vilany mandeha entona

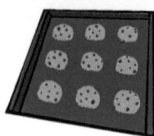

baking tray

lovia fisaka

crockery

fitaovan-dakozia

mug

zinga

bowl

vilia baolina

chopsticks

hazokely fihinanana

ladle

sotrobe lavatango

spatula

spatule

whisk

fanakapohana atody

strainer

fanatantavanana

sieve

lovia sivana

grater

fanakikisana

mortar

laona

barbecue

kiendiendy

fireplace

fivoahan'ny setroka

chopping board

akalana fitetehana

rolling pin

kodia fandamàna koba

corkscrew

fisontonana bosoa

can

boaty

can opener

fanokafana boaty

oven cloth

fitazomana vilany

sink

lavabô

brush

borosy

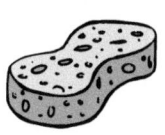

sponge

spaonjy

blender

miksera

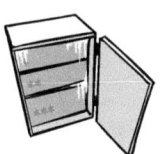

deep freezer

fitaovana fampangatsiahana

baby bottle

tavoahanginono

tap

paompy

bathroom

efitra fandroana

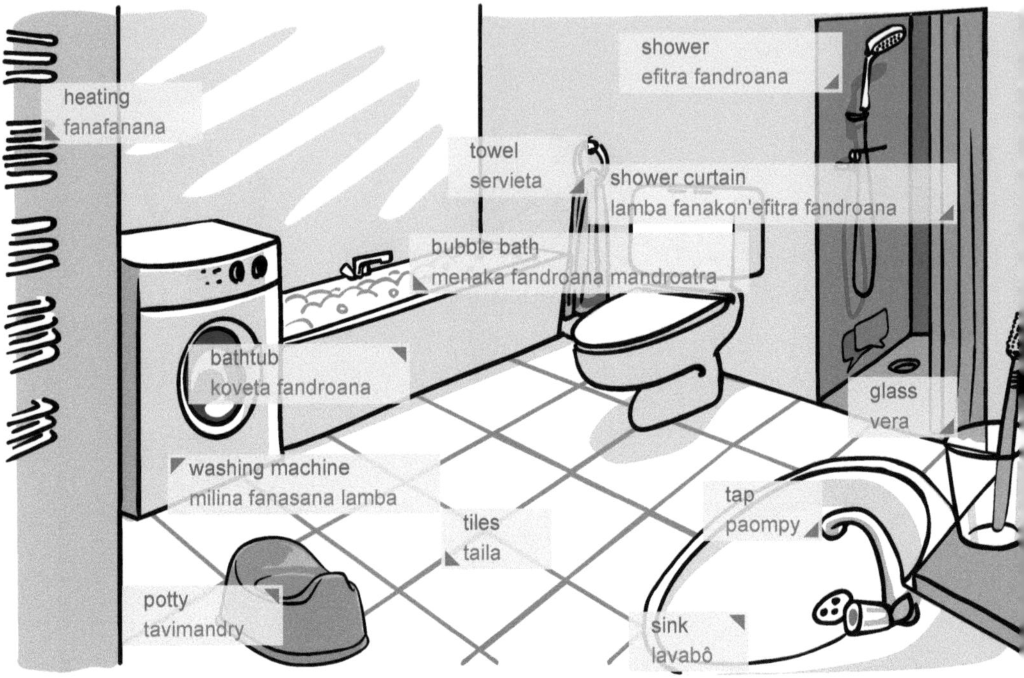

heating
fanafanana

shower
efitra fandroana

towel
servieta

shower curtain
lamba fanakon'efitra fandroana

bubble bath
menaka fandroana mandroatra

bathtub
koveta fandroana

glass
vera

washing machine
milina fanasana lamba

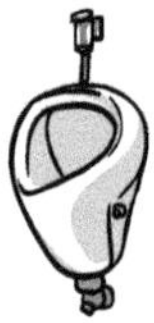

tap
paompy

tiles
taila

potty
tavimandry

sink
lavabô

toilet	squat toilet	bidet
efitrano fidiovana	kabone mitsingo	bidet
urinal	toilet paper	toilet brush
fipipizana	taratasy fidiovana	borosy fampiasa an-kabone

toothbrush

borosinify

toothpaste

famotsia-nify

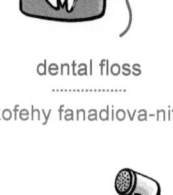

dental floss

kofehy fanadiova-nify

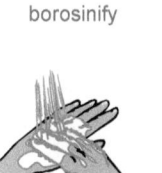

wash

manasa

hand shower

fisaika enti-tànana

douche

fanadiovana fivaviana

basin

kovetabe

back brush

borosin-damosina

soap

savony

shower gel

el fampiasa rehefa misaika

shampoo

shampoo

flannel

fonon-tànana enti-misaika

drain

tsiranoka

creme

crème fanosotra

deodorant

fanalana fofona

mirror

fitaratra

hand mirror

fitaratra fihaingo

razor

hareza

shaving foam

raotra fiharatra

aftershave

menaka haratra

comb

fiogo

brush

borosy

hair-dryer

fitaovana fanamainam-bolo

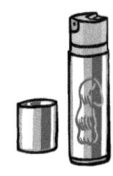

hairspray

atsifotra amin'ny volo

makeup

fikarakarana tarehy

lipstick

lokomena

nail varnish

haingo hoho

cotton wool

vohavohan-dandihazo

nail scissors

fanapahana hoho

perfume

ranomanitra

washbag

fitoerana fitaovana an-kabone

stool

sezabory

weighing scales

fandanjana olona

bathrobe

akanjo enti-matory

rubber gloves

fonon-tànana enti-manadio

tampon

servieta fanary

sanitary towel

lamba fampiasa amin'ny fadimbolana

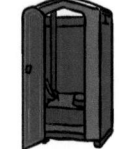

chemical toilet

kabone simika

kids room
efitranon'ny ankizy

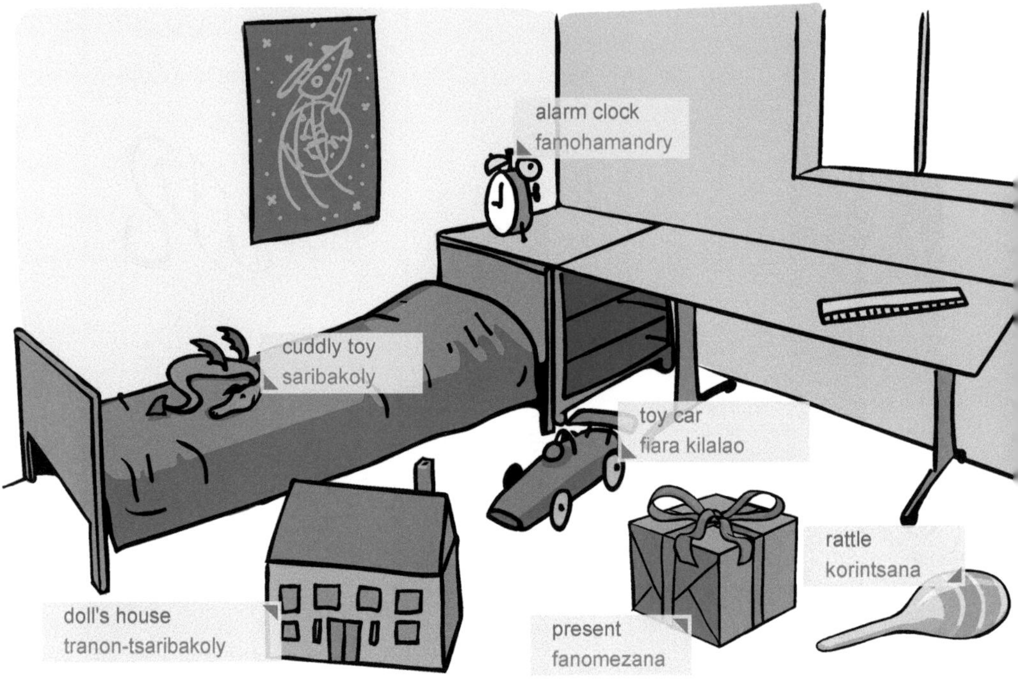
alarm clock
famohamandry
cuddly toy
saribakoly
toy car
fiara kilalao
rattle
korintsana
doll's house
tranon-tsaribakoly
present
fanomezana

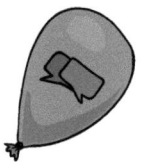

balloon

balaonina

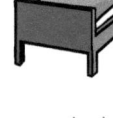

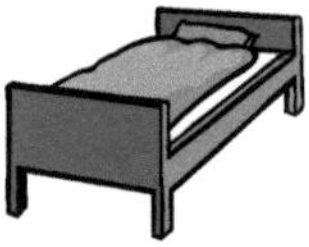

bed

fandriana

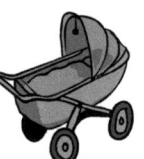

stroller

posety

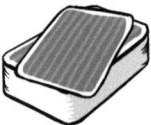

deck of cards

lalao karatra

jigsaw

puzzle

SUPER
MEGA

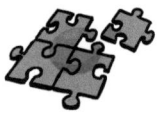

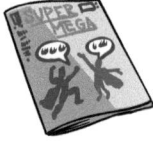

comic

sariitatra

lego bricks

lalao legô

toy blocks

kilalao fananganana trano

action figure

sarivongana kely

romper suit

grenera

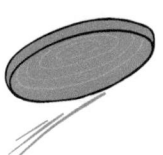

frisbee

Frisbee

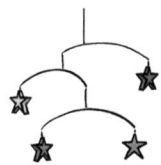

mobile

mobile

board game

jeu de société

dice

kodiakely

model train set

lamasinina kely

pacifier

solonono

party

fety

picture book

boky feno sary

ball

baolina

doll

saribakoly

play

milalao

sandpit

kovetam-pasika

swing

savily

toys

kilalao

video game console

kilalao video

tricycle

tricycle

teddy bear

teddy orsa

wardrobe

fitoeran'akanjo

clothing
akanjo

socks

bà kiraro

stockings

bàn-tongotra

tights

akanjo manara-batana

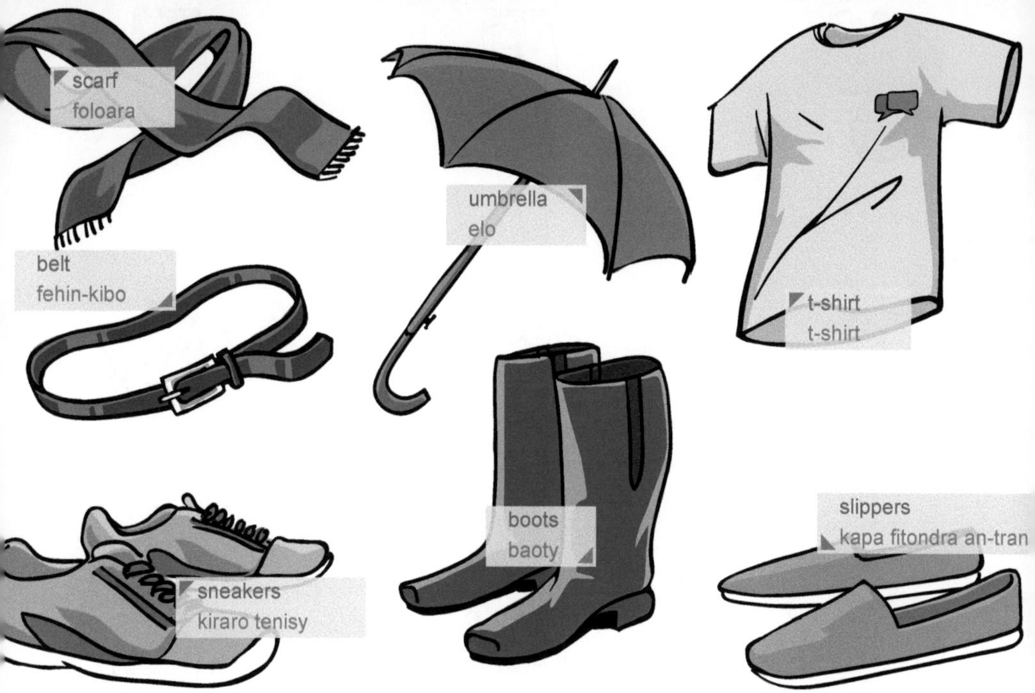

scarf
foloara

belt
fehin-kibo

umbrella
elo

t-shirt
t-shirt

boots
baoty

slippers
kapa fitondra an-tran

sneakers
kiraro tenisy

sandals

kapa

shoes

kiraro

rubber boots

baoty fingotra

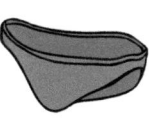

underwear

atinakanjo

bra

tatinono

undershirt

akanjo feno

body

vatana

pants

pataloha

jeans

jean

skirt

zipo

blouse

akanjo ambony

shirt

lobaka

pullover

pull

sweater

akanjo sarotro

blazer

palitao

jacket

palitao

coat

palitao

raincoat

akanjo aro-orana

costume

akanjo fianjaika

dress

fitafim-behivavy

wedding dress

akanjon'ny ampakarina

suit
akanjo fianjaika

nightgown
akanjo-mandry

pajamas
pijamà

sari
sari

headscarf
sarondoha

turban
turban

burka
burqa

kaftan
kaftan

abaya
abaya

swimsuit
akanjo fitondra milomano

trunks
akanjo fitondra milomano

shorts
pataloha fohy

tracksuit
akanjo fitena

apron
tablie

gloves
fonon-tànana

clothing - akanjo

button	glasses	bracelet
bokotra	solomaso	brasele

necklace	ring	earring
rojo	peratra	kavina

cap	coat hanger	hat
satroka	fanantonana palitao	satroka
	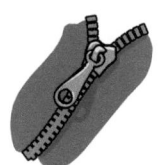	
tie	zip	helmet
fehivozo	hidikorisa	aroloha

braces	school uniform	uniform
beritelo	fanamian'ny mpianatra	fanamiana

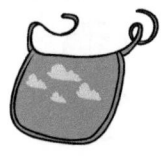

bib

bavoara

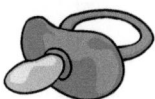

pacifier

solonono

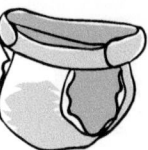

diaper

taty

office

birao

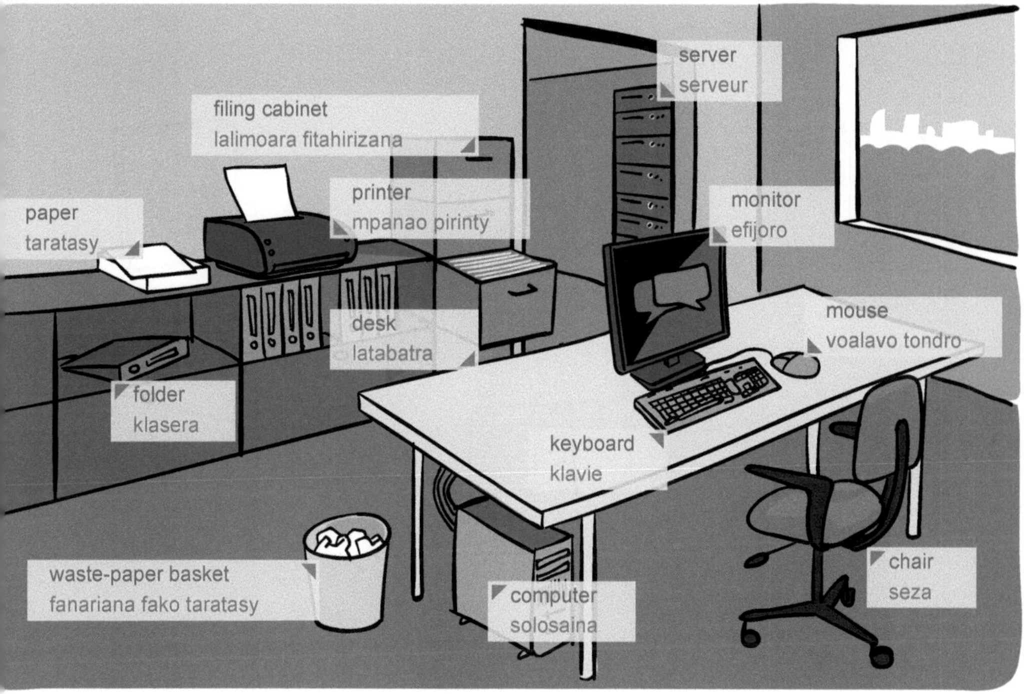
server
serveur
filing cabinet
lalimoara fitahirizana
printer
mpanao pirinty
paper
taratasy
monitor
efijoro
mouse
voalavo tondro
desk
latabatra
folder
klasera
keyboard
klavie
waste-paper basket
fanariana fako taratasy
computer
solosaina
chair
seza

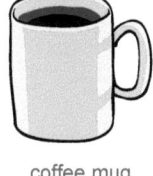

coffee mug

kaopin-kafe

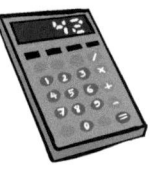

calculator

mpikajy

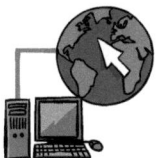

internet

aterineto

laptop

solosaina maivana

letter

taratasy

message

hafatra

cell phone

mobile

network

tambajotra

photocopier

imprimante

software

rindrambaiko

telephone

finday

plug socket

prizy

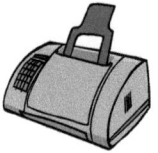

fax machine

fax

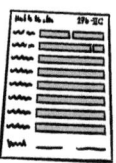

form

efitra fenoina

document

fehezan-taratasy

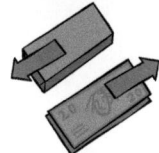

buy
mividy

pay
mandoa vola

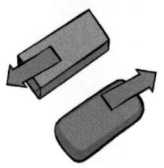

trade
misera

money
vola

 **USD**

dollar
dôlara

 **EUR**

euro
euro

 **JPY**

yen
yen

 **RUB**

rouble
rouble

 **CHF**

Swiss franc
Franc suisse

 **CNY**

renminbi yuan
renminbi yuan

 **INR**

rupee
roupie

cash point
fangalàna vola

currency exchange office

toerana fanakalozana vola

gold

volamena

silver

volafotsy

oil

solika

energy

angovo

price

vidiny

contract

fifanekena

tax

hetra

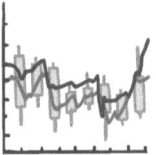

stock

action borsa

work

miasa

employee

mpiasa

employer

mpampiasa

factory

orinasa

shop

fivarotana

occupations

asa

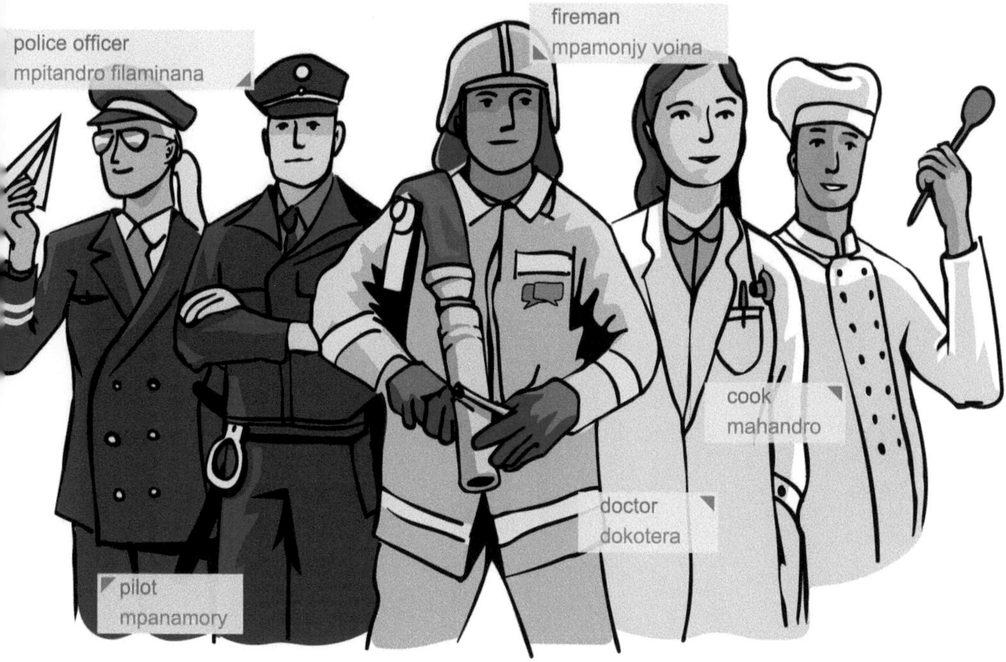

police officer
mpitandro filaminana
fireman
mpamonjy voina
cook
mahandro
doctor
dokotera
pilot
mpanamory

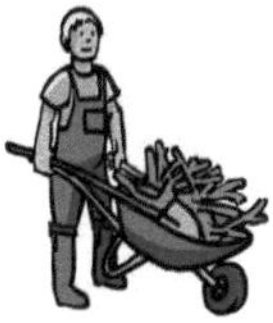

gardener

mpikarakara zaridaina

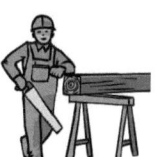

carpenter

mpandrafitra

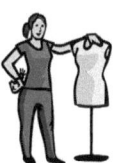

seamstress

vehivavy mpanjaitra

judge

mpitsara

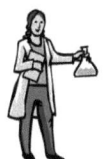

chemist

mpahay simia

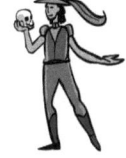

actor

mpilalao sarimihetsika

bus driver

mpamily fiara fitateram-
bahoaka

taxi driver

mpamily fiarakaretsaka

fisherman

mpanjono

cleaning lady

vehivavy mpanadio

roofer

mpanao tafo

waiter

mpandroso sakafo

hunter

mpihaza

painter

mpandoko

baker

mpanao mofo

electrician

elektrisianina

builder

mpanao trano

engineer

injeniera

butcher

mivaro-kena

plumber

plombier

postman

faktera

soldier

miaramila

architect

mpanao mari-trano

cashier

mpandray vola

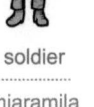

florist

mpivarotra voninkazo

hairdresser

mpanao volo

conductor

mpizara tapakila

mechanic

mpahay mekanika

captain

kapiteny

dentist

mpitsabo nify

scientist

siantifika

rabbi

raby

imam

imam

monk

moanina

pastor

pretra

tools

fitaovana

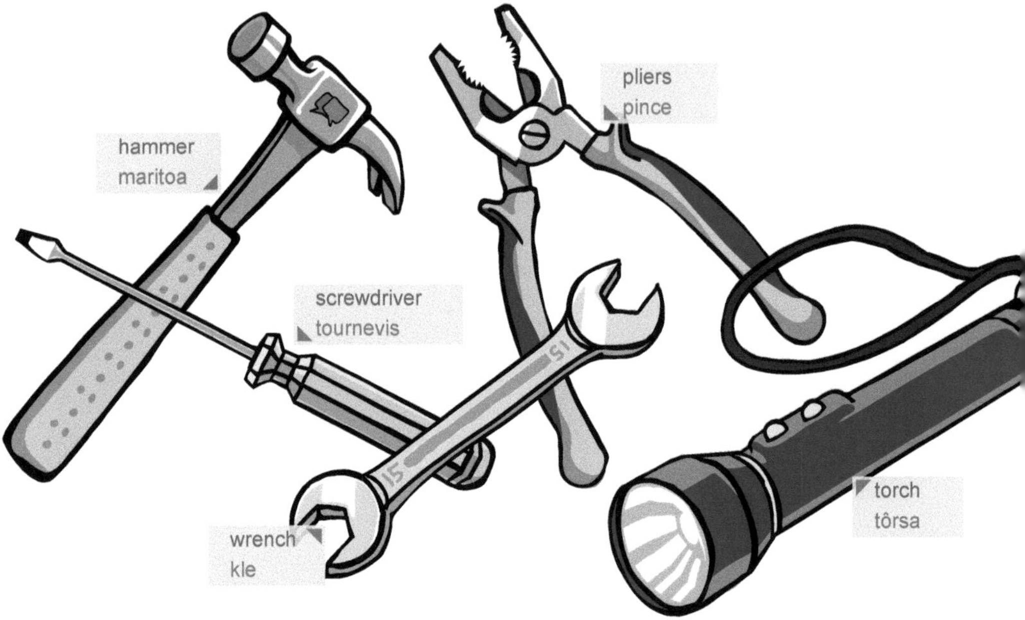

hammer
maritoa
pliers
pince
screwdriver
tournevis
wrench
kle
torch
tôrsa

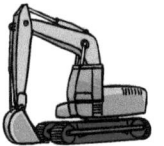

excavator
pelleteuse

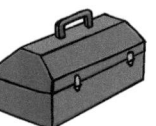

toolbox
boaty fanisy fitaovana

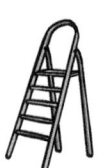

ladder
tohatra

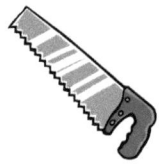

saw
tsofa

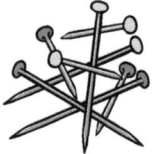

nails
fantsika

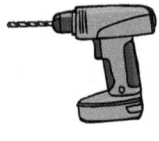

drill
perceuse

repair	shovel	Damn!
manarina	lapela	Kyy!

dustpan	paint can	screws
angadim-pako	boatin-doko	visy

musical instruments
zava-maneno

drum set
vata maro anaka

loud speaker
haut-parleur

guitar
gitara

double bass
contrebasse

trumpet
trompetra

piano

vata maro afitsoka

violin

lokanga

bass

basse

timpani

amponga timpani

drums

aponga

keyboard

klavie

saxophone

saksa

flute

sodina

microphone

mikrao

zoo

valan-javaboary

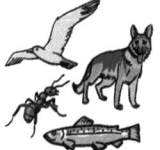

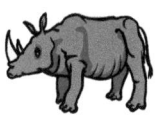

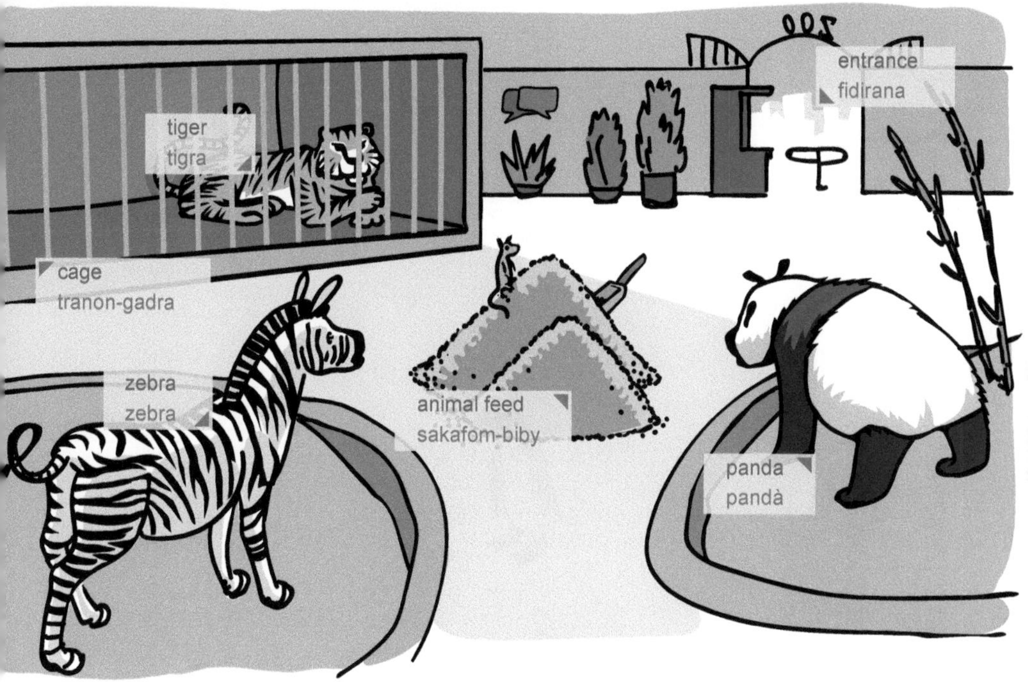
entrance
fidirana
tiger
tigra
cage
tranon-gadra
zebra
zebra
animal feed
sakafom-biby
panda
pandà

animals

biby

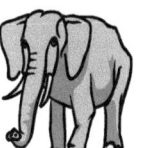

elephant

elefanta

kangaroo

kangoroa

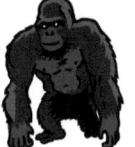

rhino

rinôserôsy

gorilla

gôrila

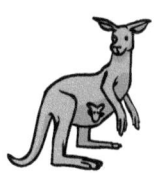

bear

orsa

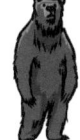

camel

rameva

ostrich

aotrisy

lion

liona

monkey

rajako

flamingo

sama

parrot

boloky

polar bear

orsa polera

penguin

pengoa

shark

atsantsa

peacock

vorombola

snake

bibilava

crocodile

voay

zookeeper

mpiandry valan-javaboary

seal

fôko

jaguar

jagoara

pony

poney

leopard

leopara

hippo

hipôpôtamo

giraffe

zirafa

eagle

voromahery

boar

lambo

fish

trondro

turtle

sokatra

walrus

môrsa

fox

renard

gazelle

gazely

American football
Football amerikana

cycling
hazakazaka am-bisikileta

tennis
tennis

basketball
baskety

swimming
lomano

boxing
boxe

ice hockey
hockey an-dranomandry

soccer
baolina kitra

badminton
badminton

athletics
atletisma

handball
handball

skiing
ski

polo
polo

activities
raharaha

laugh
mihomehy
mp
itsambikina
hug
mamihina
walk
mandeha
sing
mihira
dream
manonofy
pray
mivavaka
kiss
manoroka

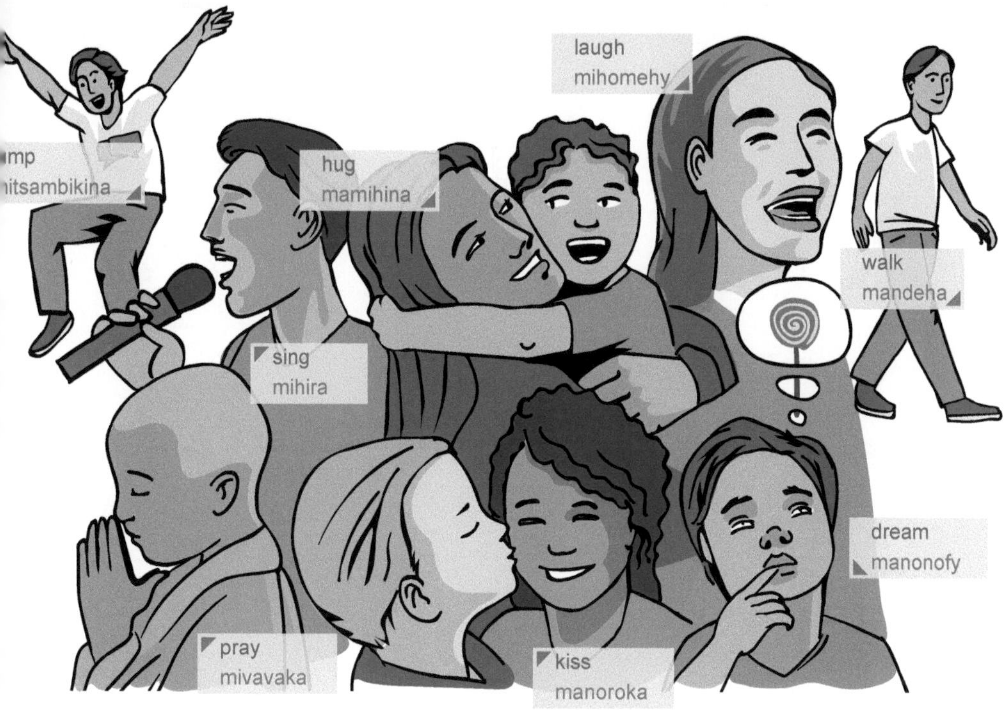

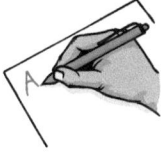

write
manoratra

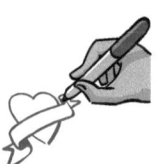

draw
manao sary

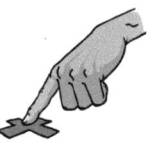

show
maneho

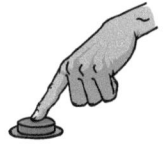

push
manosika

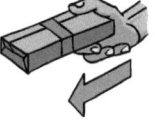

give
manome

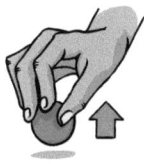

take
mandray

have

manana

do

manao

be

mizovy

stand

mijoro

run

mihazakazaka

pull

misintona

throw

manary

fall

lavo

lie

mandry

wait

miandry

carry

mitondra

sit

mipetraka

get dressed

miakanjo

sleep

matory

wake up

mifoha

look at

mijery

cry

mitomany

stroke

fahatapahan'ny lalan-dra

comb

fiogo

talk

miresaka

understand

mahay

ask

milaza

listen

mihaino

drink

misotro

eat

mihinana

tidy up

mandamina

love

mitia

cook

mahandro

drive

mamily

fly

lalitra

sail

miandriaka

calculate

mikajy

read

mamaky

learn

mianatra

work

miasa

marry

mivady

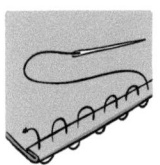

sew

manjaitra

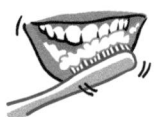

brush teeth

miborosy nify

kill

mamono

smoke

mifoka

send

mandefa

family

fianakaviana

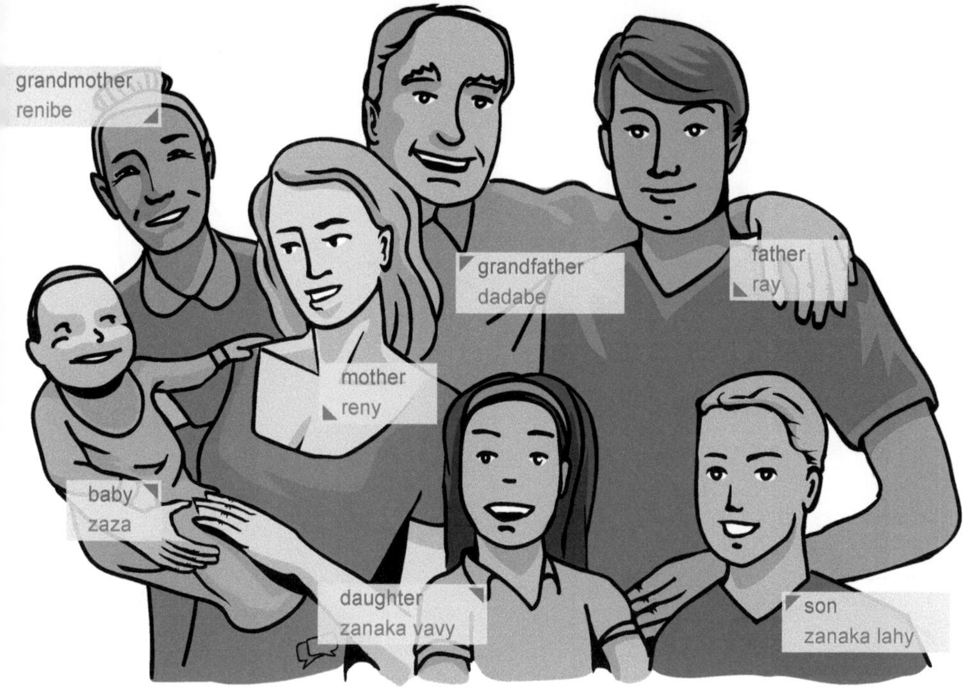

grandmother
renibe
grandfather
dadabe
father
ray
mother
reny
baby
zaza
daughter
zanaka vavy
son
zanaka lahy

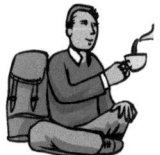

guest

vahiny

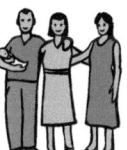

aunt

nenitoa

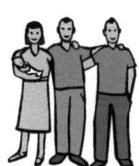

uncle

dadatoa

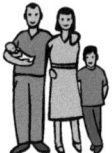

brother

rahalahy

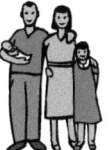

sister

rahavavy

body
vatana

forehead
handrina
eye
maso
shoulder
soroka
finger
rantsan-tànana
face
tarehy
chin
saoka
hand
tànana
leg
ranjo
breast
nono
arm
sandry

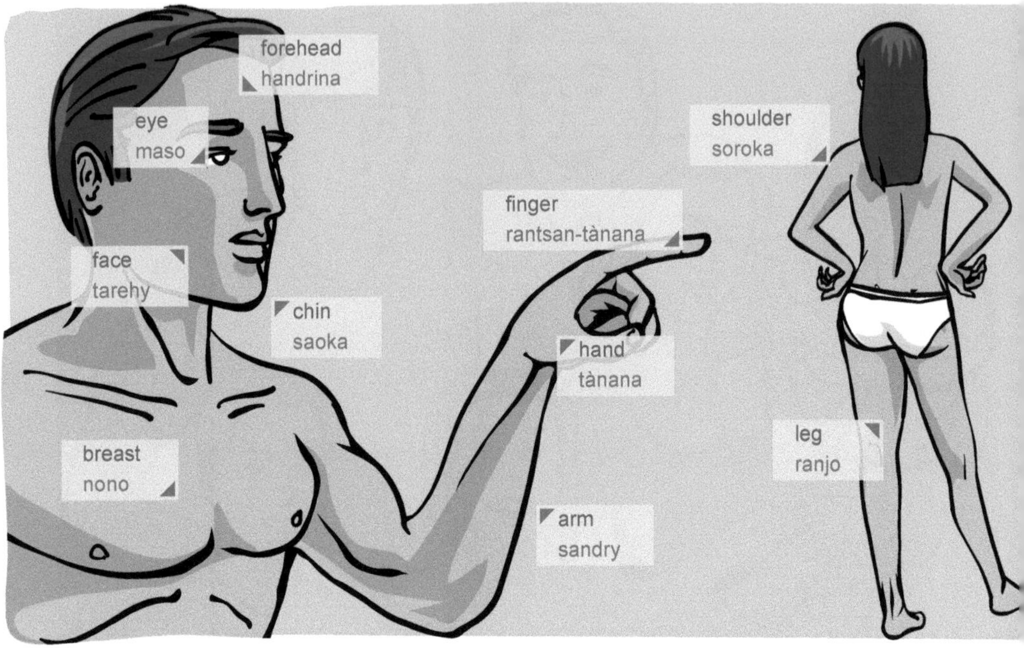

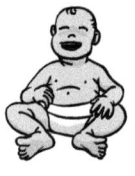

baby
zaza

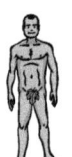

man
lehilahy

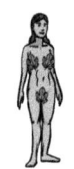

woman
vehivavy

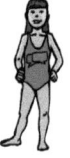

girl
vavy

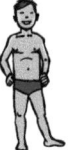

boy
lahy

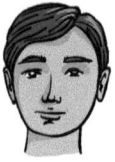

head
loha

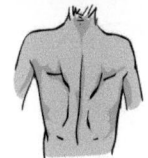

back
lamosina

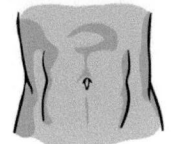

belly
kibo

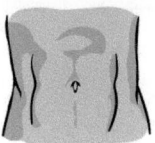

navel
foitra

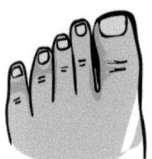

toe
rantsan-tongotra

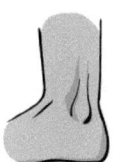

heel
voditongotra

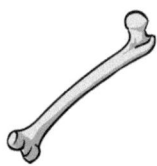

bone
taolana

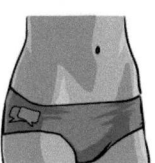

hip
valahana

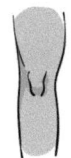

knee
lohalika

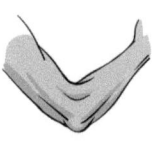

elbow
kiho

nose
orona

buttocks
vody

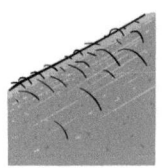

skin
hoditra

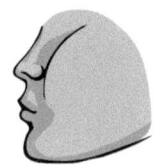

cheek
takolaka

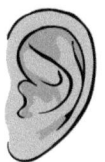

ear
sofina

lip
molotra

mouth

vava

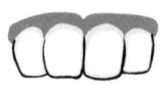

tooth

nify

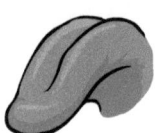

tongue

lela

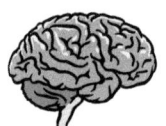

brain

saina

heart

fo

muscle

ozatra

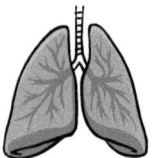

lung

havokavoka

liver

aty

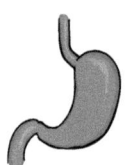

stomach

vavony

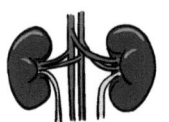

kidneys

voa

sex

firaisana ara-nofo

condom

fimailo

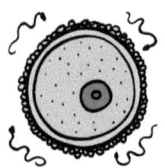

ovum

tsirivavy

semen

ranonaina

pregnancy

vohoka

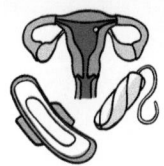

menstruation

fadimbolana

vagina

fivaviana

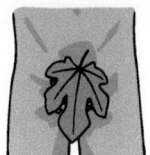

penis

filahiana

eyebrow

volomaso

hair

volo

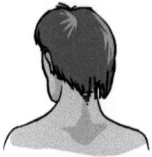

neck

tenda

hospital
hopitaly

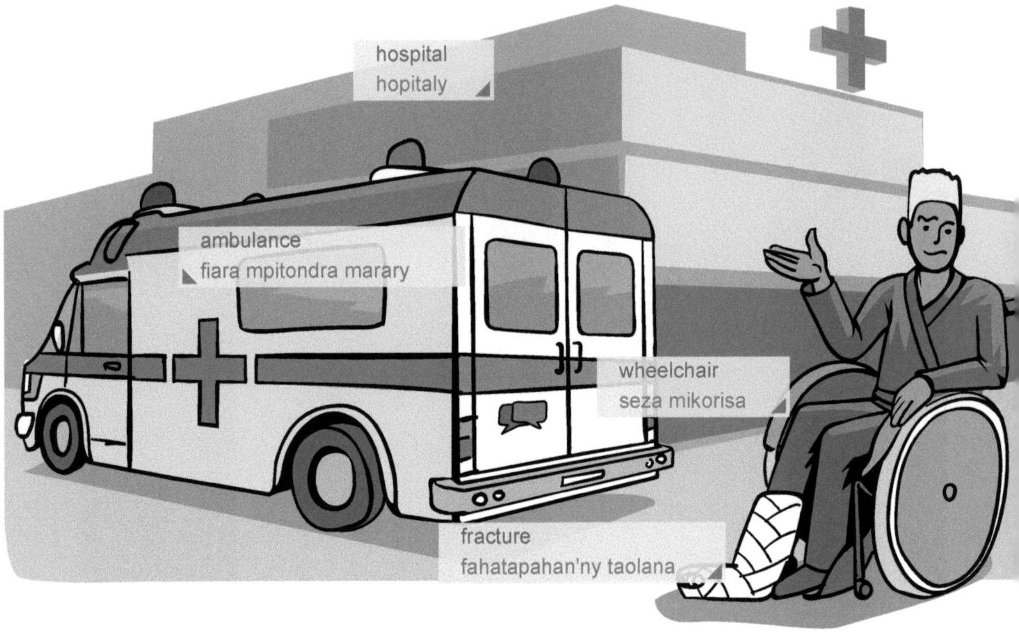

hospital
hopitaly
ambulance
fiara mpitondra marary
wheelchair
seza mikorisa
fracture
fahatapahan'ny taolana

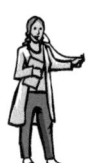

doctor

dokotera

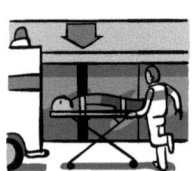

emergency room

efitra vonjy taitra

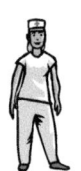

nurse

mpitsabo mpanampy

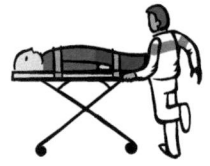

emergency

vonjy taitra

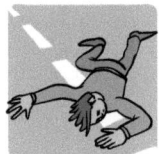

unconscious

tsy mahatsiaro tena

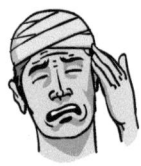

pain

fanaintainana

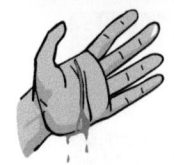

injury

faharatràna

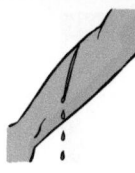

bleeding

mandeha rà

heart attack

aretim-po

stroke

fahatapahan'ny lalan-dra

allergy

tsy fahazakana sakafo

cough

kohaka

fever

tazo

flu

gripa

diarrhea

fivalanana

headache

aretin'an-doha

cancer

homamiadana

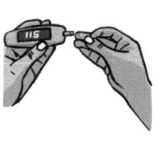

diabetes

diabeta

surgeon

dokotera mpandidy

scalpel

antsy fandidiana

operation

fandidiana

CT

TC

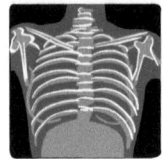

x-ray

taratra X

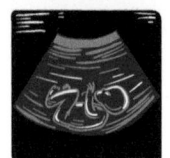

ultrasound

ekôgrafia

face mask

saron-tava

disease

aretina

waiting room

efitrano fiandrasana

crutch

tehina

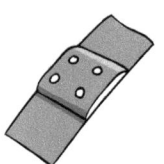

plaster

taha fery

bandage

bandy

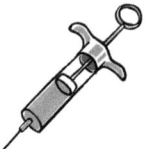

injection

tsindrona

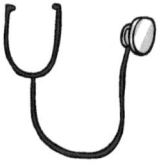

stethoscope

stetoskopy

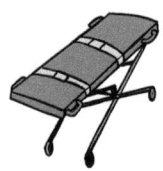

stretcher

filanjana marary

clinical thermometer

fitaovana fitsapana
hafanana

birth

fahaterahana

overweight

hatavezana tafahoatra

hospital - hopitaly

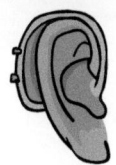

hearing aid

fitaovana fandrenesana

disinfectant

famonoana mikraoba

infection

fifindràna aretina

virus

viriosy

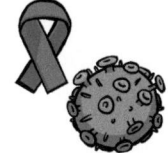

HIV / AIDS

VIH / SIDA

medicine

fitsaboana

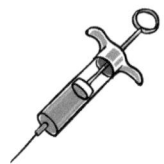

vaccination

vaksiny

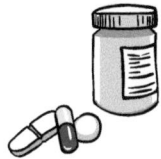

tablets

pilina

pill

pilina

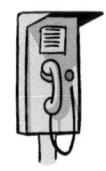

emergency call

antso vonjy taitra

blood pressure monitor

fitaovana fitsapana tosi-drà

ill / healthy

marary / salama

Help!

Vonjeo!

alarm

antso fanairana

assault

herisetra

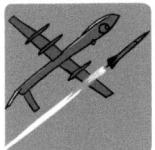

attack

vono

danger

loza

emergency exit

fivoahana raha misy loza

Fire!

Afo!

fire extinguisher

fitaovam-pamonoana afo

accident

loza

first-aid kit

fitaovam-pitsaboana
vonjimaika

SOS

SOS

police

pôlisy

Europe

Eoropa

North America

Amerika avaratra

South America

Amerika atsimo

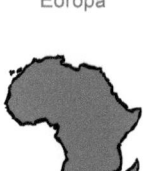

Africa

Afrika

Asia

Azia

Australia

Aostralia

Atlantic

Atlantika

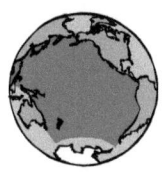

Pacific

Pasifika

Indian Ocean

Ranomasimbe Indiana

Antarctic Ocean

Oseana Antarktika

Arctic Ocean

Oseana Arktika

North pole

Tendrotany avaratra

South pole

Tendrotany atsimo

Antarctica

Antarktika

earth

tany

land

tany

sea

ranomasina

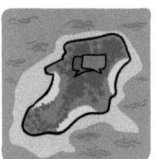

island

nosy

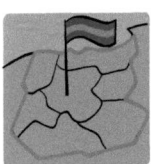

nation

tanindrazana

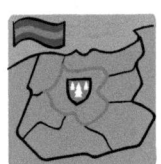

state

firenena

clock face

tavam-pamantaranandro

hour hand

tondro ora

minute hand

tondro minitra

second hand

tondro segondra

What time is it?

Amin'ny firy izao?

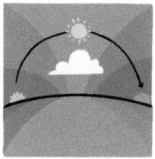

day

andro

time

fotoana

now

izao

digital watch

famantaranandro niomerika

minute

minitra

hour

ora

herinandro

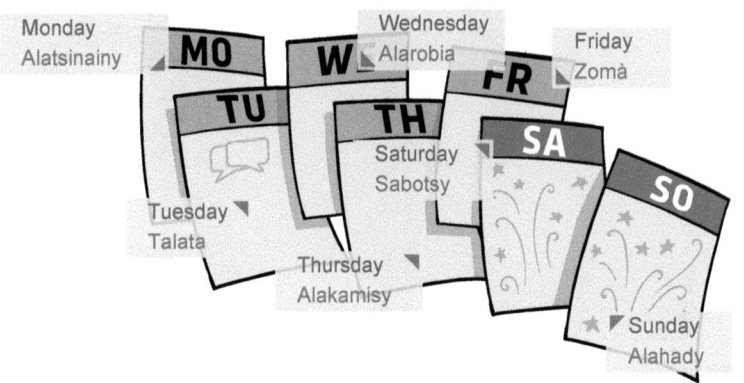

Monday
Alatsinainy

Wednesday
Alarobia

Friday
Zomà

Tuesday
Talata

Saturday
Sabotsy

Thursday
Alakamisy

Sunday
Alahady

yesterday

omaly

today

androany

tomorrow

ampitso

morning

maraina

noon

atoandro

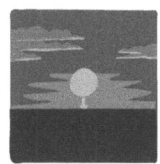

evening

hariva

workdays

adro fiasàna

weekend

faran'ny herinandro

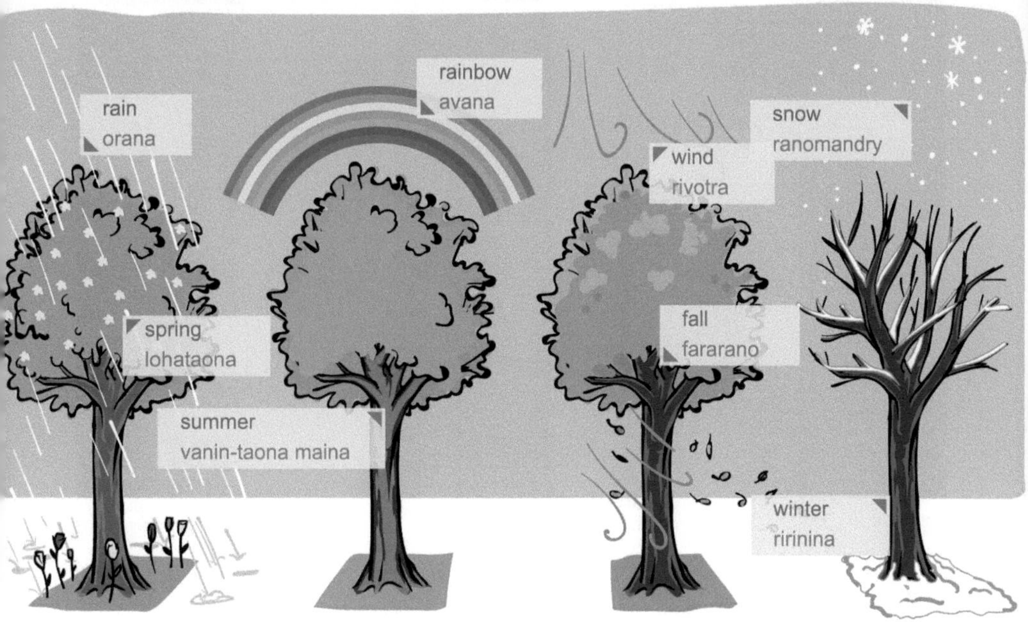

rain
orana
rainbow
avana
snow
ranomandry
wind
rivotra
spring
lohataona
fall
fararano
summer
vanin-taona maina
winter
ririnina

4.APRIL 11°
5.APRIL 4°
6.APRIL 13°
7.APRIL 8°
8.APRIL 10°

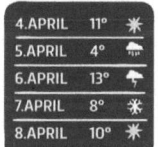

weather forecast

vinavina ara-toetrandro

F C
120 90 60 30 0 -30
40 30 20 10 0 -10 -20

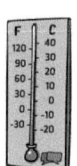

thermometer

thermomètre

sunshine

tara-masoandro

cloud

rahona

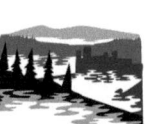

fog

zavona

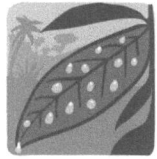

humidity

hamandoana

lightning

tselatra

thunder

kotroka

storm

tafio-drivotra

hail

havandra

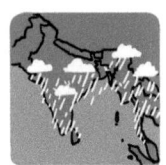

monsoon

fahavaratra

flood

tondra-drano

ice

vaingan-drano

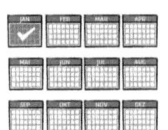

January

Janoary

February

Febroary

March

Martsa

April

Avrila

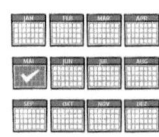

May

Mey

June

Jiona

July

Jolay

August

Aogositra

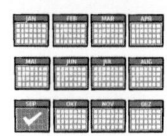

September
....
Septambra

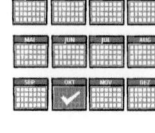

October
....
Oktobra

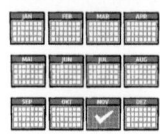

November
....
Novambra

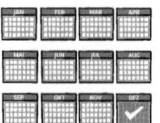

December
....
Desambra

circle
....
boribory

square
....
efamira

rectangle
....
efajoro

triangle
....
telozoro

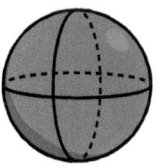

sphere
....
bola

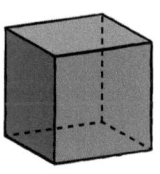

cube
....
goba

white
....
fotsy

yellow
....
mavo

orange
....
laoranjy

pink
....
mavokely

red
....
mena

purple
....
voloparasy

blue
....
manga

green
....
maitso

brown
....
volotany

gray
....
volondavenona

black
....
mainty

a lot / a little

betsaka / vitsy

angry / calm

tezitra / tony

beautiful / ugly

tsara / ratsy

beginning / end

fiandohana / fiafarana

big / small

lehibe / kely

bright / dark

mazava / maloka

brother / sister

rahalahy / rahavavy

clean / dirty

madio / maloto

complete / incomplete

feno / banga

day / night

andro / alina

dead / alive

maty / velona

wide / narrow

malalaka / tery

edible / inedible

azo hanina / tsy fihinana

evil / kind

tsivalahara / tsara fanahy

excited / bored

endratra / sorena

fat / thin

matavy / mahia

first / last

voalohany / farany

friend / enemy

mpinamana / mpifahavalo

full / empty

feno / foana

hard / soft

mafy / malefaka

heavy / light

mavesatra / maivana

hunger / thirst

noana / mangetaheta

ill / healthy

marary / salama

illegal / legal

tsy ara-dalàna / ara-dalàna

intelligent / stupid

mahay / vendrana

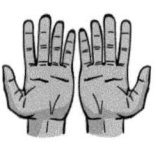

left / right

havia / havanana

near / far

akaiky / lavitra

new / used

vaovao / tranainy

nothing / something

tsy misy / misy

old / young

antitra / tanora

on / off

mandeha / maty

open / closed

mivoha / mihidy

quiet / loud

mangina / mitabataba

rich / poor

manankarena / mahantra

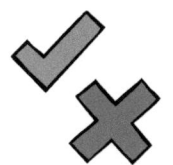

right / wrong

marina / diso

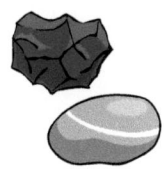

rough / smooth

marokoroko / malama

sad / happy

malahelo / faly

short / long

fohy / lava

slow / fast

mora / faingana

wet / dry

mando / maina

warm / cool

mafana / mangatsiaka

war / peace

ady / fahalemana

0

zero

aotra

1

one

iray

2

two

roa

3

three

telo

4

four

efatra

5

five

dimy

6

six

enina

7

seven

fito

8

eight

valo

9

nine

sivy

10

ten

folo

11

eleven

iraikambinifolo

12

twelve

roambinifolo

13

thirteen

teloambinifolo

14

fourteen

efatrambinifolo

15

fifteen

dimiambinifolo

16

sixteen

eninambinifolo

17

seventeen

fitoambinifolo

18

eighteen

valoambinifolo

19

nineteen

siviambinifolo

20

twenty

roapolo

100

hundred

zato

1.000

thousand

arivo

1.000.000

million

tapitrisa

English

Anglisy

American English

Anglisy amerikana

Chinese Mandarin

Fiteny sinoa mandarina

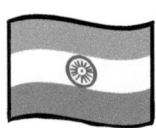

Hindi

Hindi

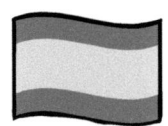

Spanish

Espaniola

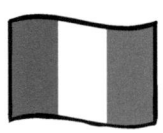

French

Frantsay

Arabic

Fiteny arabo

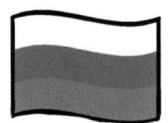

Russian

Fiteny rosiana

Portuguese

Portogey

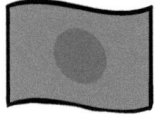

Bengali

Bengaly

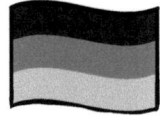

German

Alemà

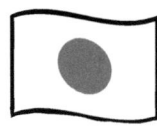

Japanese

Japoney

I

izaho

you

ianao

he / she / it

izy / io

we

isika

you

ianao

they

zareo

who?

iza?

what?

inona?

how?

ahoana?

where?

aiza?

when?

oviana?

name

anarana

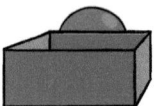

behind

aorina

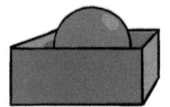

in

anaty

in front of

anoloana

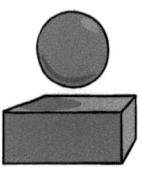

over

any

on

ambony

under

ambany

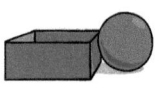

beside

ankila

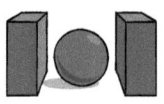

between

afovoany

place

toerana